JODOR
M

Für unsere Inspiration Elisabeth Pougnas

LUST & GLAUBE BAND 2

OWSKY
ŒBIUS

Gefangen im Irrationalen

SZENARIO: ALEXANDRO JODOROWSKY
ZEICHNUNGEN: MOEBIUS

1. Auflage
FEEST COMICS
Postfach 10 12 45, 70011 Stuttgart
Übersetzung aus dem Französischen: Resel Rebiersch
Chefredaktion: Michael Walz
Stellv. Chefredakteur und verantwortlich für dieses Album:
Georg F. W. Tempel
Lettering: Jo Knauf
Gestaltung: Wolfgang Keller
Buchherstellung: Kurt-Heinz Lessig, Agnès Borie
© HUMANO S. A.
Originaltitel: Le cœur couronné „Le piège de l'irrationel"
© EHAPA VERLAG GMBH, Stuttgart 1994
Druck und Verarbeitung: DELO – Tiskarna, Ljubljana, Slowenien
ISBN 3-89343-253-1

Gedruckt auf chlorfreiem Papier
Umschlagveredelung mit umweltverträglichem Lack

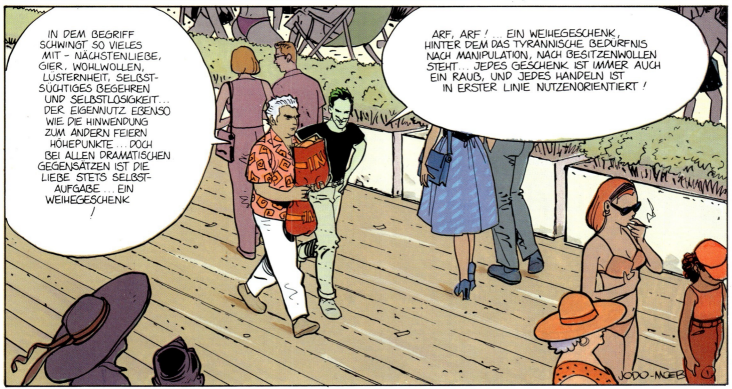

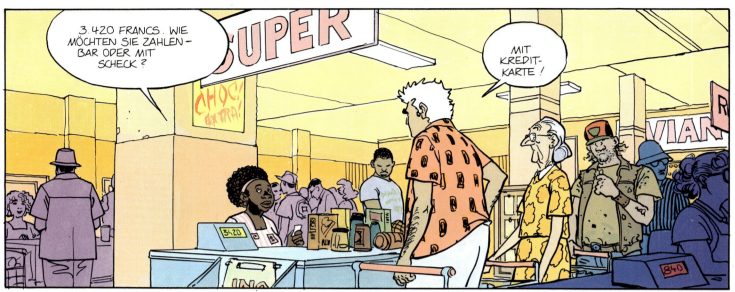

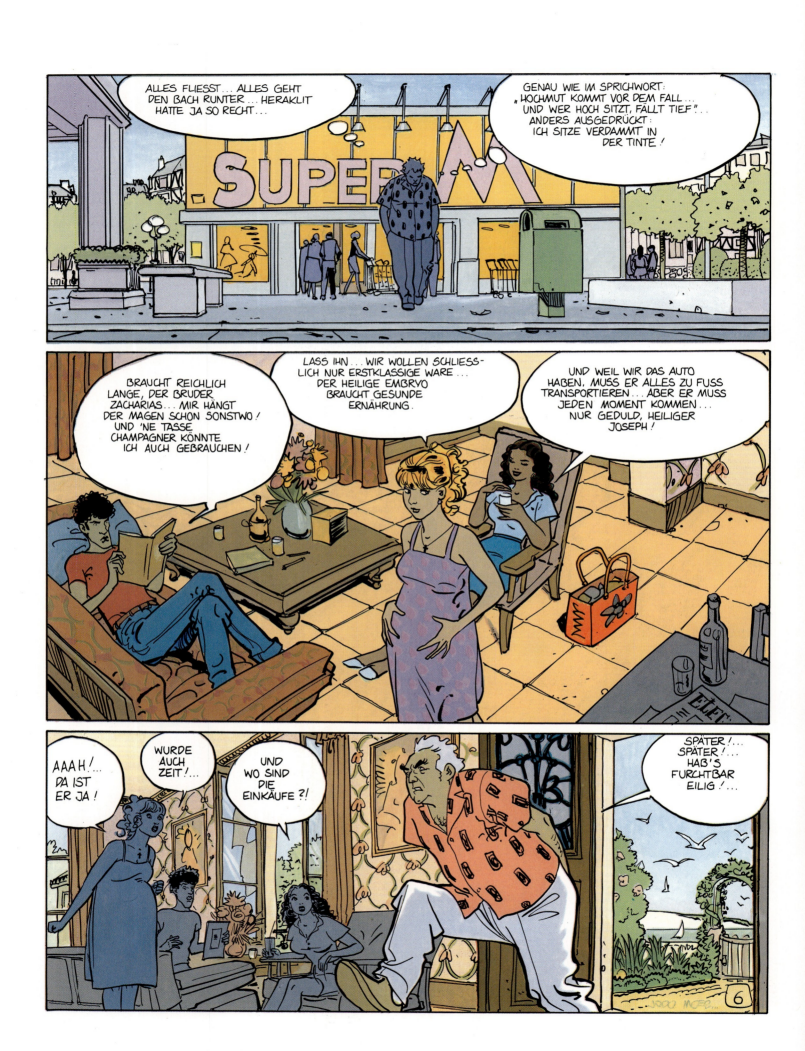

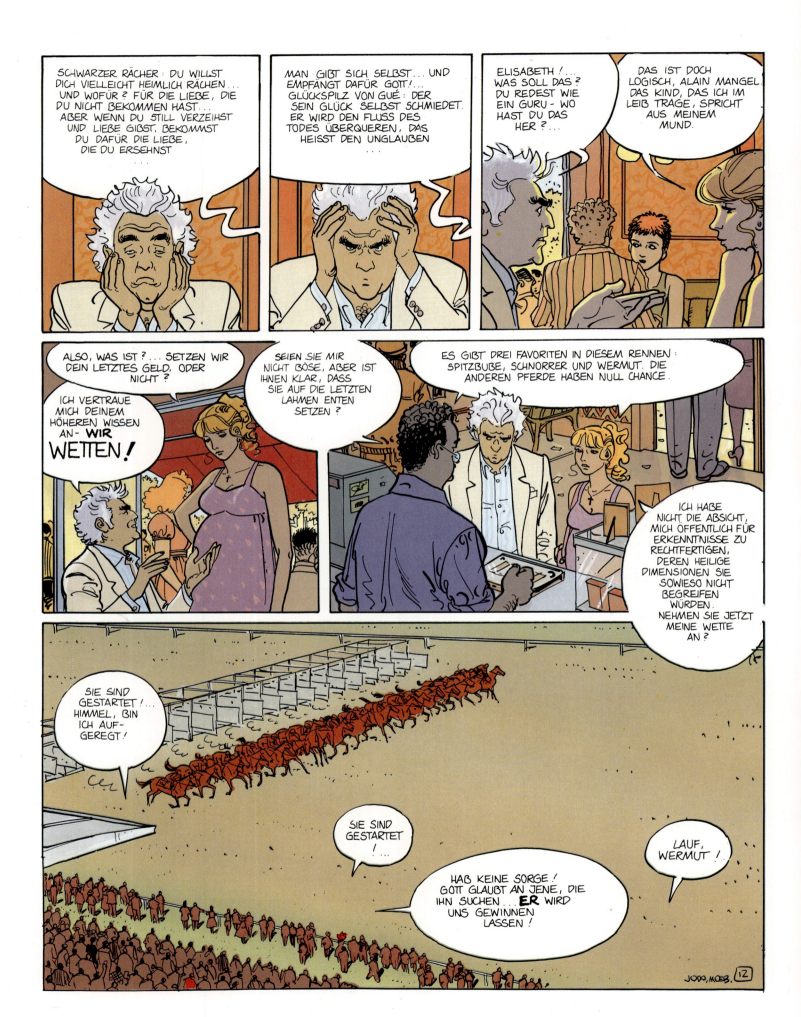

* ERSTE ÖKUMENISCHE KONFERENZ FÜR FRIEDEN IN DER WELT

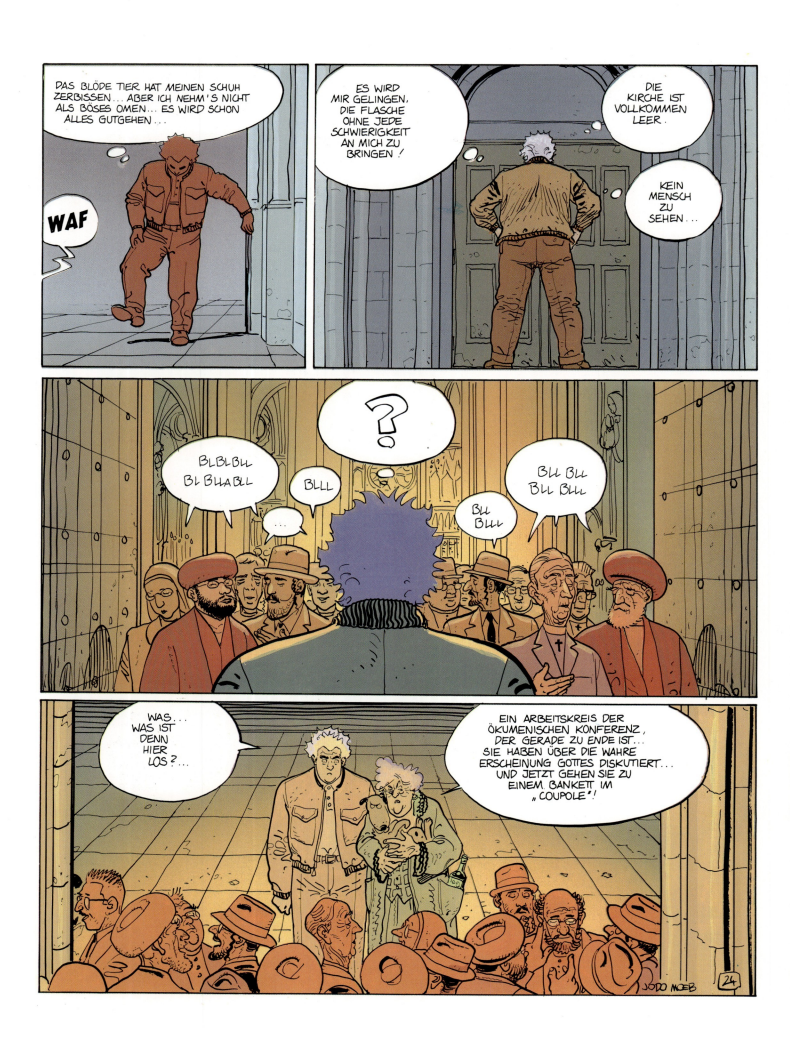

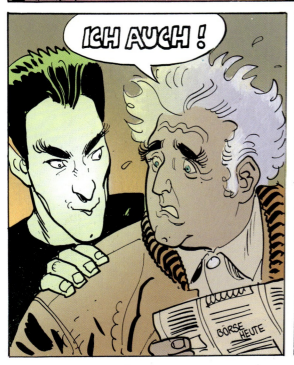

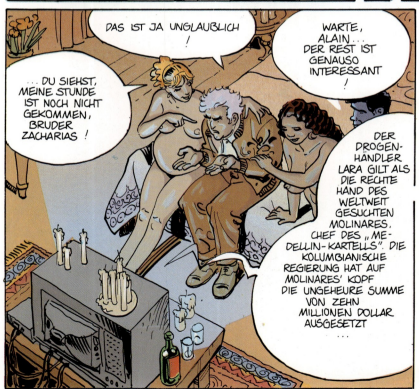

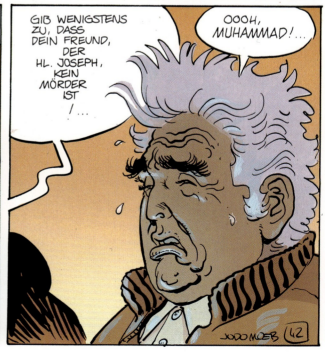

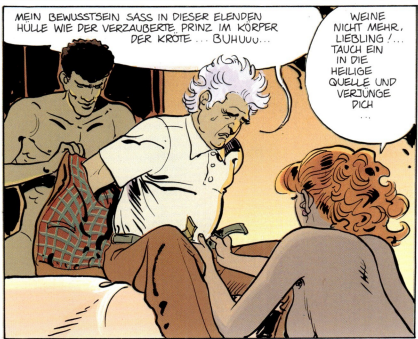

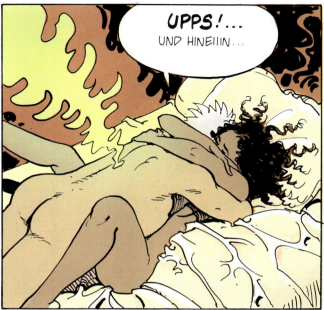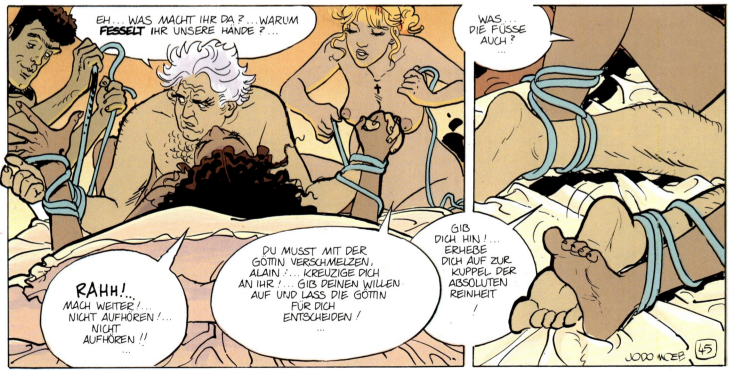

1 UND HÄNDE HOCH, DU FEIGLING!
2 TOD DEN BANDITEN!
3 VERFLUCHT!
4 SCHEISSE!... DIE D.A.S.!
5 KOLUMBIANISCHER GEHEIMDIENST!
6 FOLGEN SIE UNS!

1 LASS DEINEN LETZTEN FURZ, TUNTE!
2 WIR SIND VERLOREN! DIE D.E.A.!

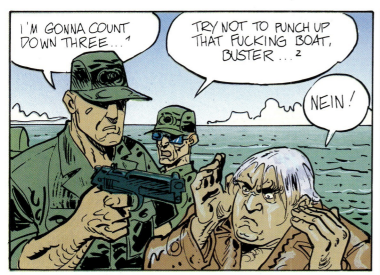

1 ICH ZÄHLE BIS DREI...
2 VERSUCH BLOSS NICHT, DAS VERDAMMTE BOOT ZUM KENTERN ZU BRINGEN, KUMPEL...
3 TOD DEN DRECKIGEN GRINGOS!

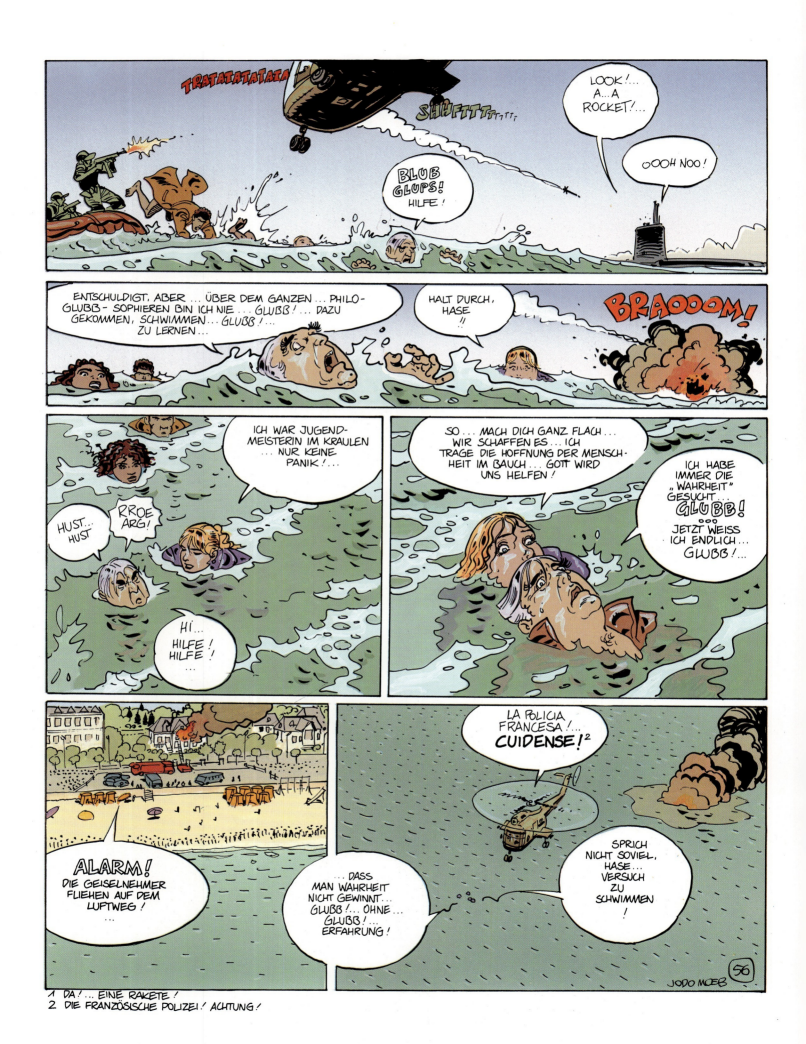

1 HIHI! ... DIE TANTE IST VERRÜCKT!
2 HURENSOHN!
3 LASS DAS! NIEMAND DARF MOLINARES' TOCHTER KRITISIEREN!

Von denselben Autoren bei Feest Comics erhältlich:

LUST UND GLAUBE

Bd. 1 – Die Irre von Sacré-Cœur
Bd. 2 – Gefangen im Irrationalen

Von Moebius

DIE FERIEN DES HERRN MAJOR

CHAOS

METALLISCHE CHRONIKEN

MOEBIUS' HERMETISCHE GARAGE
mit Jean-Marc Lofficier, Eric Shanower und Jerry Bingham

Bd. 1 – Der Prinz von Nirgendwo
Bd. 2 – Die vier Königreiche
Bd. 3 – Die Rückkehr des Jouk
Bd. 4 – Zufallswelten

Von Alexandro Jodorowsky

JOHN DIFOOL VOR DEM INCAL
mit Zoran Janjetov

Bd. 9 – Kuik
Bd. 10 – Anarcho-Psychoten
Bd. 11 – Einen Ouiski, bitte, und Homöos

DIE META-BARONE
mit Juan Gimenez

Bd. 1 – Othon von Salza
Bd. 2 – Honorata